임호균   한애   김여림   한율   월하
승주   조형민   홍예진   임동영   초승
김지은   문진식   연이슬   최선   김유리
한송연   권기훈   전지나   시현   박민선
편유경   경예   서희자   진은영   서가인
김범석   송다영   식인상어   김길환   송유진
김동민   달곰   영서   미리내   김파랑
김민주   이야명   여진   이도아   김근호
정철균   비치   이젠   시인파도   이러한-

꿈 [명사]

1. 잠자는 동안에 깨어 있을 때와 마찬가지로 여러 가지 사물을 보고듣는 정신 현상.

2. 실현하고 싶은 희망이나 이상.

2021년 12월

I

흐르지 않는 아름다움과 계절 세트 임호균	13
달콤하게 눈에 비치는 것들 한애	16
꿈속의 나 김여림	17
꿈꿀 망忘과 잊을 몽夢 한율	18
어떤 아이의 밤 월하	21
밤의 연인 승주	22
백일몽 조형민	24
아이의 태몽은 다정하므로 홍예진	26
without 임동영	28
몽별기 초승	30
몽경 김지은	33
주마등 문진식	34
까만 잠을 자고 싶어도 꿈은 늘 어수선했으며 연이슬	36
1955-1 최선	38
악몽 김유리	40
Tocka 한송연	42
몽중몽夢中夢 권기훈	45
꿈으로 향하는 길 전지나	46

열대야 시현	48
사월의 꿈 박민선	50
육신이 흐르지 않는 곳 편유경	52
황혼 유토피아 경예	54

II

항해 서희자	59
새가 되었다 진은영	60
헨젤의 이야기 서가인	62
시인의 꿈 김범석	63
너머의 너머에는 송다영	64
네가 밉다 식인상어	65
담겨있는 김길환	66
먼지와 티끌이 맞닿는 곳으로 송유진	68
불연不燃성냥 김동민	69
미완의 조각상 달곰	70
부지런한 윤슬 영서	72

악몽 미리내	74
행방불명 김파랑	75
잡지팔이 사내 김민주	76
풍선 이야명	79
한 혜성의 버킷리스트는 우주를 헤엄치다 산산이 부서지는 것	
여진	80
꿈 속 방백 이도아	82
꿈 김근호	83
꿈속으로 정철균	84
쌍기역의 밑바닥 비치	86
그물 이젠	88
이룬 것과 이루어질 것에 대하여 시인파도	89
헌정獻呈 이러한	90
	92

○ 작가명은 작품 첫 장의 쪽 번호 옆에 표기하였습니다.

I

흐르지 않는 아름다움과 계절 세트

아프다

과자의 유통 기한이 지났을 것 같은 예감
단지 그럴 것 같은 마음이지만
안 좋은 예감은 빗나가지 않으니까

어디서 부패한 냄새난다
흰 고양이 방문 긁는다

(의자 하나)
남들과 다른 하지만 누군가는 나와 같지 않을까 하는 의문 그 누군가는 나와 만날 수 없을 텐데 의문이 믿음으로, 믿음으로 살아가는 인간에게 불확실한 믿음은 과자 같아서 맛있지만 조심스러운

남들은 남들과 다르다 할 것 또 남들은 남들과 다르다 할 것
같은 동네에 살지만 쉽게 마주치지 않는 사이와 같을 것

햇볕을 쬐며 빈 약봉지를 입에 털면 비타민과 함께 얼음이 녹는 착각

(의자 둘)
언어는 하나의 길로 탄생
받아들이는 길은 여러 갈래

썩은 냄새
나가야 한다
무성한 산속을 거닐어야 한다

지금
숲에는 칼끝의 긴장감이 준 숨이 기록되고 있어
나무들은 뿌리를 뽑으며 일제히 일어서려고 해

(의자 셋)
짐승에게 가장 먼 곳은 뒷모습이 아닌 품에 안겨 울고 있는 새끼의 얼굴
이것은 숲의 지표
주저앉아 멍하니 보고 있는데
등 뒤로 산 그림자 일렁인다-
정상에 올라 땅에 국기를 꽂듯 그것의 머리를 내려친다

는 꿈을 꿨다

(의자 넷)
눈뜨면 식탁 위 물컵이 보여
그 속에는 흐르지 않은 아름다움과 계절이 가득해 그리고 불안해 마치 조금만 흔들려도 넘치려는 컵 속의 물처럼

(아슬한 의자 여럿)
검은 고양이 올라타서 의자 긁는다

꿈은 커야 깨져도 조각이 큰 법이래
녹슨 조각들이 비 되어 쏟아지고 있다

달콤하게 눈에 비치는 것들

완전히 깨어나지 못한 기괴한 꿈도 역겨운 대사들을 이어붙이고 박음질로 단단히 고정했다 악몽도 달콤하게 물들여낸 글러먹은 뇌내에서 네가 비어져 나왔다 진심인 마음이 숨겨지도록 너의 꿈을 꾸지 않겠노라 다짐했고 오히려 그 다짐은 독이 되어 나의 꿈에선 네가 내 목을 옥죄었다 잠깐뿐인 사랑을 더빙하고 눈에 비치는 것들을 꿈이라고 기적이라고 아무리 덧칠해 봐도 나의 변심을 무의미라고 의미를 부여해 봐도 닿으면 물거품이 될 테니까 사실은 없을지도 모르는 속임수를 의심하고 또 의심하고 멈추지 않는 자각몽에 꿈속의 황혼에서 만날 수 있을까

꿈속의 나

네 꿈속의 나를 질투하던 어린 날들이 있었다
내가 해보지 못한 것들을
내가 보지 못한 너의 모습을
그 아이가 먼저 보는 것 같아서

그래서 잠에 들 때는
오늘은 내 꿈 꾸지 말라며 잔망스런 인사를 건네기도 했다

그럼에도 불구하고
하루가 다르게 꿈을 꾸던 나는
매일같이 네 꿈만 꾸기를 반복했고
꿈을 잘 꾸지 않던 너는
나를 닮아 내 꿈을 꾸기 시작했다

더 이상 우리 사이에 꿈 얘기가 오고 가지 않을 때
우린 자연스럽지 못하게 마침표를 찍었다

우린 이제 꿈속에서 만나

꿈꿀 망忘과 잊을 몽夢

길을 지나던 이가 갑자기
나를 덮쳐 안는 꿈 꿨다

비몽사몽 할 때엔 그것이
자기 전 빌던 소원인지
꿈인지 모르던 터라
아침밥 첫 술 뜨고서야
아, 하고 그리워했다

요즘은 무언가를 그리는 일 만으로
다른 많은 것을 잊어버리게 된다

망忘

머리에 무슨 장치가 있다던가
망忘 하는 것은 어찌 되든
결국에 망亡 할 것인데도
잊히는 것들은 퍽 가엾다

화장실 거울에 양치하는 사내도
표정 따라 가여워 보이는 것이

이 도시에 누구 한 명은
그 사내 한참 끌어안았다가
까맣게 잊고 사는가 보다

나 삼가며 안아준 이들
이름 하나 잊지 안하고
다 부르다 보면 세상이

덜 가여워 보일지 모르는 것이어서
한 명 한 명 외게 된다

어제 나를 꼭 안아준 사람

안는다고 해서 모두
품는다 말할 수 없는 것인데

그 품은 다만
품어지기에 좋은 향이 났었다

그 사람 제 품 좋은 줄 알면
다른 이 꿈에 나닐까
해 뜨고 사람들 나올 때까지

가지 마, 하고 잡게 되는 것이다

그 좋은 품 내가 잊지만 않는다면
그이도 망하는 일 없이 좋은 꿈

그 안에 영원히 살 것만 같다

어떤 아이의 밤

사람은 살아온 세월로 나이를 먹는 게 아니라
기억으로 나이를 먹는 거라고 했다
그러니 매일을 다르게 보내라고

그래서 나는 여전히 아이인가 봐
네가 없는 기억이 나를 잡아먹고 있어서

매일을 열심히 보내고 네가 없는 집에 돌아오면
오늘은 제발 날 찾아오라고 빌며 눈을 감아
그곳에 나는 평소와 같이 울고 웃는데
한 가지 다른 건 네가 있다는 거야
그러면 나는 또 빌어 눈을 뜨고 싶지 않다고
빛을 담으면 네가 없을 테니까
내게서 너를 데려가지 말라고
이미 네 목소리조차 희미하니까
날 봐 여전히 울고 있어 너는 없고 난 젖어가

그렇게 잠에서 깨면 마치 아무 일 없듯이
또 하루치의 널 잊어버리고는 자라고 있겠지
언제쯤 어른이 되어서 널 기억할 수 있을까

밤의 연인

너는 그날 이후로도 종종 나를 찾아왔다. 오직 밤에만 말이다. 멋대로 찾아와서는, 형체도 없는 주제에 눈을 마주할 때마다 날 아프게 했다. 벌컥 방문을 열고 나의 잠을 깨운 너는 어느 날은 피아노 소리로 또 어떤 날은 꽃과 편지로, 혹은 활자와 음표로 나를 울게 했다. 그만 찾아오라고 비명을 지르는 나를 빤히 보던 너는 천천히 입을 연다. 나 보고 싶지 않았어?

그는 나를 지나치게 잘 알았다. 밤마다 찾아오는 그도 예외는 아니었다. 정말 그를 보고 싶었던 나는 언제나 입을 꾹 다물고 그를 내버려 둘 수 밖에 없는 것이었다. 그러자 그는 점차 내게 말을 걸기 시작했다. 너무도 익숙한 목소리로 내 이름을 부를 때면 나는 소스라치게 놀라 경기를 일으켰다, 그도 그럴 것이 그는 한없이 사랑스러운 눈빛을 한 채 차가운 목소리로 나를 불렀기 때문이다. 단 한 번도 나를 그렇게 부른 적 없던 그는 마치 다신 만날 수 없음을 못 박듯 나를 다정하게 경멸했다. 예쁜 미소로 온몸을 난도질 해놓고선 품에 꼭 안아주었다. 허름해진 육체로 아무런 온기도 느껴지지 않는 그를 마주 안는 것 외에 할 수 있는 것은 없었다. 그를 버린 것도 그를 다시 불러들인 것도 나임을 알았으므로.

그리워할 거라면 떠나지 말고, 떠날 거라면 평생 그리워하지 말자.

그게 우리의 약속이었지. 내가 떠난 너를 그리워해 그 벌로 자꾸만 찾아오는 거니. 너에게 물어도 너는 서늘한 웃음만 보일 뿐 대답이 없다. 모두 고백할게. 나는 피아노 위에서 춤추는 너의 흰 손가락을 그리워해. 자주 올라오던 홍조를 그리워하고 끊임없이 사랑을 말하던 목소리를 그리워하고 있어. 삐뚠 글씨로 써 내린 편지를 태우며 울었고 우리의 사진을 찢으며 한 번 더 울었어. 그 후로 눈물을 흘린 일은 없지만, 그래도 난 항상 널 그리워했어. 그렇게 모든 걸 고백하니 그제야 너는 소리 내 웃으며 미련 없이 내 방을 떠난다. 나 따위 그리워하지 않을 네가 완전히 떠난다.

길 잃지 말고 잘 가. 영영 작별하자 우리. 지우고 찢고 태워서 소멸하자.

사랑해.

백일몽

갈증이 유독 심해진 이튿날 불을 피웠습니다
득실거리는 벽을 타고
이유도 모르고 뻗어가려는 섭리 하나로
번져
절정은 춤을 추고 있습니다
편히 잠에 들길 원했던 이유는 꽤나 합당했습니다
가뜩이나 날이 차서 그랬습니다
침실은 사그라들지 않아도 곧잘
춤을 추고 있었습니다
부끄러운 모습을 감추려고 연기 뒤에 숨었지만
해소가 없는 목마름에 빤히
쳐다보기만 했습니다

삼 일째
옆으로 눕고 시체처럼 뻗은 심지는
정말로 죽어있던 건지
다시 불을 피우려 해도 검게 문드러져
아무 대답하지 않습니다
사정 따위 그다지 알고 싶지 않다는 듯
소문처럼 옅어졌습니다

흔한 얼굴의 사람들의 기억의 끝에 보인
(하나같이) 다름이 없는
소문처럼
그저 옅어졌습니다
마치 안개 같았습니다

금세 저 앞을 기웃거리다가도 걸어가버리는
이름도 이유도 모르게 소문처럼
뻗어가는
(목이 마른 새벽마다 없는 손을 움켜쥐었습니다)
겨우 잠이 든 대낮에
희고 뿌연 사람의 얼굴의 표정과 몸짓들
그건 마치 안개 같았습니다

적막보다 깊은 침묵이 침실을 겉돌고
간혹
슬픔에 찬 증기들이 감은 눈에서도 나옵니다,
슬픔에 찬 증기들이 감은 눈에서도 나옵니다

아이의 태몽은 다정하므로

태초에 첫 번째로 오는 꿈이 있었지
그건 우리에게 제일 필요한 것이었어

부끄러움을 가진 아이들을 만드는 일
곧장 울어버리는 어른을 달래는 일

이곳에서 우리가 눈을 뜬 순간
해야만 하는 것들이었거든

아주 오래되고 순수한 꿈이 떠다니는 곳
하늘로 솟구치는 눈물이 가득한
그곳에 늙은 노파가 있다

잠시나마 존재했던
우리는 사라질 때까지
쪼개지고 녹아내리는 꿈의 파편을 어루만진다

아주 깊게 오지 않을게
가장 슬프게 닿지 않을게

당분간 그러지 않겠다고 약속하며
끝내 울지 못하는 사람의 꿈을 끌어안았다

늙은 노파가 다가와 우리를 어루만질 때 눈을 마주하면
볼 수 없게 한 것들이 보이고
그들 가장 깊은 곳에서 꿈꾸고 있는 문을 발견한다

오늘의 꿈은 예전에도 겪었던 일인 것 같다
예정에 없던 일이었는데도

without

새빨갛게 달아오른 눈으로 보아도
당신의 뺨은 붉어질 일이 없어서
도망치는 나를 태워 버스는 달립니다
아무도 기억 못 할 밤을 향해 달립니다

늦은 저녁을 차리던 어느 날의 밤에
잠시 걸려온 전화에 올려놓은 불을 잊은 적이 있습니다
끓어넘친 것들은 지독하게 달라붙어 떨어지질 않고, 불은 한참 전에 사라지고 없던
그 새카만 냄비는 다시 쓸 수 없었습니다
잊은 줄도 모르고 남김없이 태워버린 내 사랑을 발견했기에
그 냄비를 다시 쓸 수는 없었습니다

깨고 싶지 않은 꿈에도
끝없이 떨어트려 깨고 싶은 꿈에도
나를 보며 울고 웃는 당신이 있습니다
내게서 도망친 오누이가 저주를 내렸나 봅니다
그 어디도 도망칠 곳 없도록 저주를 내렸나 봅니다

해도 달도 맞이할 수 없게 된 범이 잠을 청합니다
개와 늑대의 새된 울음소리 아래 못 다할 잠을 청합니다

눈이 달아오릅니다
새빨갛게 달아올라 남은 진공을 모두 없애고 맙니다
여전히 도망칠 곳은 없는지
적막을 깨는 하차벨 소리에도 버스는 멈출 줄을 모릅니다

몽별기

바람은 서늘히도 불어와 나의 모든 연을
산산이 조각 내어버리고,
기억으로만 남은 추억이 희미해져 갈 때쯤,
바람이 다시 불어왔다.

꿈결을 살랑이 간지럽히는 바람,
눈물은 말라 얼추 바다와 비슷한 내음을 풍겼다.
그 바람과 내음이 나를 취하게 만들어
어느새 아득한 새벽이 시작되었다.

익숙한 얼굴들을 가로질러 걷다 보면,
놓쳐버린 연들을 마주친다.
그 어떤 운명의 장난질인가,
그 사이엔 네 태연한 얼굴이 보인다.
뒷짐 지고 아련케 돌아서려는 찰나,
내 이름을 부르는 목소리는 네 것인가?
한 번 속아보지 않겠느냐며,
내 주검같이 찬 손목을 붙잡는 넌 정말인가?
그럼 어때 바다를 가볼까,

달빛이 비치는 파도는
참 이쁘게도 소리 낸단다.
그럼 언제 꽃밭을 가볼까,
리시안셔스 꽃말은 영원한 사랑이라더라.
그때 그 거리를 걸어볼래.
함께 노래 듣고 또 발걸음을 맞추며 걷다가,
그때 다시 사랑한다고 보고 싶었다며
서로 하고픈 말을 늘어놓지 않을래?

 덜컥 깨었다. 열린 창문 사이로 찬 바람이 불어와 나의 꿈 세상을 무너뜨렸나 보다.
 아쉬워서 다시 잠들어볼까 하다가도, 담배 한 개비 집어 들고 불붙이며 자해自解했다.

 '속아도 꿈결 속여도 꿈결 굽이굽이 뜨내기 세상 그늘진 심장에 불 질러 버려라 云云.'

 작가 이상의 말마따나, 꿈결서 나를 속인 너도, 지긋이 너를 속여내 한때 사랑케 한 나도, 그런 우리 사이의 일들은 모두 다 꿈결의 일이니, 우리 이젠 영이별永離別이다.

다신 꿈결에 만날 일도, 서로 속고 속일 일 없단다. 바람에 마구 풀어지며 흩어지는 이 타오르는 담배 연기처럼 우리의 연은 이리 흩어지는 것, 붙잡을 필요가 없단다. 자연스레 웃으며 인사를 주고받을 일도 기약 없는 약속, 우린 이제 영이별永離別이다.

몽경

다정한 얼굴이 떠오르더니
차가운 손끝이 보잘 것 없는 것을 움켜쥔다

눈을 감으면 너의 요람에 내가
그곳에 네가 침범해
누구보다 느린 키스를 하고
누구보다 짙은 시선이 오가고
안아 본 적 없는 사람들처럼 안았다

나는 오각형에 있었다
네 시선이 나를 쫓아 어디에 있든 다정하게 옭아매었다
동그란 것이 옅어지고 얕아지는 것이 느껴질 때 쯤
방문을 닫았다

끌어 안지 않고
깊이 키스하지 않고
엉망이 된 시선이 날아드는 것을 관망하였다
요람에는 작은 창이 있었다

주마등

태어날 때부터 다른 존재들과 달랐다.

익숙하게 대지를 밟고 일어서는 것도
하늘에 코를 박고 구름을 마시는 것도
떨어지는 햇살을 눈에 담는 것도

그 어느 것 하나 허락되지 않았다.

비가 내리는 날이 참 좋았다.

마치 맹렬히 떨어져 부딪히는 것만이
자신의 몫인 듯 소리의 몸짓을 내는 것이
일정하게 연주하는 변주 사이로
숨을 두드리는 것이

좋았다.

죽어갈 때부터 다른 존재들과 같아졌다.

눈과 귀가 멀어가는 것도
순간들이 희미해져 가는 것도
움켜쥔 존재들이 점점 사라져가는 것도

그 어느 것 하나 다르지 않았다.

잠을 자는 시간이 참 좋았다.

파도에 몸을 맡기고 저 멀리 떠나기도
달의 언덕에서 사랑을 기울이는 것도
멈춰 선 관계를 홀로 유영하는 것도

좋았다.

까만 잠을 자고 싶어도 꿈은 늘 어수선했으며

안온한 밤을 보내라는 말은
한 번도 상투적인 적 없어서
오늘도 사랑에게 사랑을 건네고

골동품 카세트 플레이어는
입맛에 맞지도 않는 테이프를
외롭고 힘겹게 욱여넣는다

정신이 오락가락- 로딩이 더뎌도
비디오가 재생되는 순간
마침내 수면의 시작이다만

각본과 연출과 촬영과 편집과 연기
모두를 홀로 감당하느라
평화롭지 못한 선잠이 들었다가

바다에 빠졌던 영화 주인공이
뭍에서 물을 뺄어내는 듯
삼킨 것을 울컥울컥 게워내는데

까만 끈은 축 늘어져서
되감을 도리가 없는 데다가
있다 한들 끊긴 장면을 몰라

멍하니 침대 맡에 앉아서
눈물에 얼굴이 잔뜩 베인 채
시선으로 제 위액을 훑기 바쁘다

꿈이 달콤하다고 누가 그러던가

영사가 멈춘 까만 화면에
줄기 같은 빛이 뿌옇게 오르면

몸이 본 것이 무엇이고
혼이 본 것이 무엇인지

어렴풋한 결말의 잔상을,
흔적을 찾아야 한다

현실과 몽환을 구분치 못하는
애석한 신세 탓에

1955-1*

꿈에 네가 나왔어

고개를 들면 낮 떨구면 밤

네가 만진 내 코에는 구멍이 생겨났어

화장품 집에 들러 산 클렌징 오일

우린 다른 제목을 듣고 있어

저기 저 들판 위에 날카로운 개도
우리를 깨물 수는 없을 거라고 안심하자며

너는 나를 어르고
나는 울었어 기뻐서

널 보면 무슨 색이 떠오르느냐고 물어서
검은색이라고 말했어

눈 감아도 보인다며 우스갯소리

검정에 노랑을 섞으면 빨간색
빨강의 보라를 훔쳤어 검정색

일어나야 하는데 울리지 않아 알람은

일어나야 해
일어나야 하는데
일어나야 해 우리는

* 애인이 목을 매달아 죽은 호텔의 명名.

악몽

아스팔트 검은 강에 침몰한
반지하 작은 창을 내다보면
잘린 발목들이 어지러이 오갈 뿐

옅은 해의 온기조차 도망가 버린
그 좁은 골방에서
추위를 견디지 못한 나는
오늘을 태워 몸을 녹이고 간신히 눈을 붙여
꿈을 꾼다

역겨운 구정물이 한데 모이는 더러운 하수 구멍
온갖 부정이 흘러든 더러운 하수 구멍
그 아래에서

갈증을 견디지 못한 나는
흘러든 검은 물을
진득한 구정물을
한껏 삼키고 간신히 목을 축여
꿈을 꾼다

그렇게 만들어진 꿈은
결국
악몽인지라
알면서도 놓지 못했어

내일을 살아가는 내게
악몽조차 닳아버린다면
시체조차 되지 못하고
반쯤 묻힌 무덤에서 영원토록
살아가야 하기에

그렇기에 나는 꿈을 꾼다,
악몽을 꾼다

Tocka

종종 눈 감으면 어둠보다 노래가 빨랐다 경주 같았다 나를 뒤따르는 황홀 내달리는 의식 추운 바람 뺨을 에이되 얼어붙지 않는 우리는 새벽만큼 이른 세계다 그네들의 값싼 해몽 대신 믿고 싶은 눈빛이 있고

기억 속 바래진 흑백 영화는 깜빡깜빡, 하는 눈으로 이 꿈이 끝나면 나는 떠나야겠소 이만 줄이오, 하는 잠긴 낮의 중년으로 그가 쥔 낡은 만년필로 편지지로 사람 속도 모르고 걸음이 빠른 시계추로

 무엇이 칠야를 우리로 부르기 시작했을까
 무엇이 우리를 꿈꾸게 만들었을까
 무엇이 꿈을 사랑으로 빚어냈을까

이 시간 가장 고요한 소음 생생한 영혼 재치 있게 명랑하게 스텝 밟는 소리 모두가 들을 수 있었고 모두에게 아름답던 기척 오래 끌어안고 있자면 우린 반쯤 호흡이 느려 그래서 좋다 남들과 달라서

우수수 쏟아지는 무릎을 주워 아침까지 갔다 꿈을 꿔요 노래를 불러요 잠이 오지 않아도 날이 지지 않아도 내 사랑은 입술을 오므리고 우리 도망가자⋯ 그래 어디로⋯ 대답이 없는 걸 보니 너는 잠들었나 보다

20세기의 길몽은 검정으로 시작했다
상냥하게 다듬는 매무새와 편두통도 있었다
엄마 저기 기적 같은 삶이 이곳으로 밀려와요

낭만의 사조는 오래간 가뭄이었지만 그런 메마름 어쩌면 한때가 아닐까 그런 생각이 들 때면 예고도 없이 익숙한 환영을 봤다 어둠과 벽 모서리 꿈틀대는 몸짓이야말로 가장 불완전한 무언가였고

닫힌 눈꺼풀 아래 바이올린 켜는 가족들의 손을 한없이 잡아 주고 싶었다 내가 알지 못하는 언어로 그들은 잘도 떠들고 불러대지만 그 후렴구밖엔 따라 하지 못해 Тоска Тоска

그립고 아득한 아지랑이
기차 경적 소리도 우릴 깨우지 못하고
내가 써야 할 말들은 이미 모두 써 버렸다

꿈결 너에게 체호프를 읽어 주기도 했지 큰 목소리로 그의 문장엔 어울리지 않게 소리치듯 읽었어 그래도 너는 귀를 막지 않는다 우린 서로의 존재에 온화하니까 서로뿐이니까

속삭이는 유성우 앞에서 어깰 으쓱이면 나도 생명처럼 빛나게 될까 반쯤 열린 창문 틈새로 반가운 이들이 환하게 걸어 들어오고 너무 늦지 않은 밤에 사랑스러운 디스코 음악 사랑하는 당신에게 쉘 위 댄스

몽중몽夢中夢

영원에서 살 수 있는 건 하나의 축복이자 괴로움
누군가의 꿈에 존재한다는 건 맥박이 뛰는 이유
사과 하나를 살 수 있는 것만으로도 사람이 사는데
한참 속의 현실은 안화된 필름보다 아득한 세상

비현실이나 상상 혹은 꿈이라 불리는 것들은 무성영화만큼만 같아서
볼 수는 있지만 들리지는 않는 양극단의 상황 속에 갇히고
나는 건 나무 타는 냄새
쉬는 입은 유칼립투스 이파리를 씹는 일만의 반복

눈을 감으면 가라앉는 심연 속에서 생각을 이긴다는 건 동경한 적도 없어

칠월에는 가냘픔으로
팔월에는 장맛빛으로
구월에는 검은 원으로
시월에는 이른 날에게
머플러를 목에 감고는
끝도 없이 울어버릴 것

꿈으로 향하는 길

너의 꿈은 어디로 가니
꿈속에서의 너는 어디로 가니
가능하다면
그 길을 따라
나도 잠깐 만나줘

기다릴게
바다를 간질이는 여름 바람
그 바람을 맞고 서
울고 있을게

길을 걷다 조금 깨어날 때쯤
일어나지 말고 나와 있어 줘
지우고 싶다면
번져가는 마음을
지우고 지워줘

서 있을게
내 눈을 간질이는 창문 바람

그 바람을 맞으며
눈 감을게

나의 꿈은 어디로 갈까
꿈속에서의 나는 어디로 갈까
날 수 있다면
그 길을 따라
너를 향해 갈게

열대야

오랜 연인은 그저 활자 속에 남듯이
이름 붙인 것은 닳기 마련이다
몇 개의 싸구려 구절과
어설픈 시어들로

나는 사랑 없이는 동작할 수 없는 몸
평생 사랑에 신음할 운명이었다
토해지는 네 이름 석 자
뜨끈했다
따끔했다
열병은 아니었다

매일이 꿈꾸는 듯했다
꿈속에서 난 자주 앓았고 깨어나면 그 역시 꿈속이었다
나는 너를 사랑하는 나를 사랑해
귀에는 폭죽 소리와 웃음소리와 폭죽 같은 웃음소리

감은 눈 작은 손 어느새 거칠어진 턱수염
벌거벗은 발 유리 조각 천장까지 솟은 선인장

푸른 나 붉은 너 자꾸만 아픈 너, 나
깰 수 없는 꿈을 꾼다
쉽게 잠들지 못해도 쉽게 꿈을 꾼다

네 손을 잡으면 나는 십이월에도 열대야를 느꼈다
여전히 열병은 아니었다

사월의 꿈

눈을 감았습니다
무작정 떠나고 싶어서
두 눈을 꼬옥 감았습니다

행선지 알 수 없는 기차표를 사서
작은 열차에 몸을 맡깁니다

칙칙폭폭
맨발의 나를 태운 기차는 어디론가 떠납니다

창밖을 보니 푸르른 하늘 아래
보드라운 분홍빛 꽃잎이 흩날리고 있습니다

그 작은 꽃잎 창문 넘어 내게로 와
달큰한 향기 전하고 갑니다

긴 터널을 지나
조팝나무 꽃향기 가득한 오래된 역에 내렸습니다

4월의 바람에 몸을 맡겨
새하얀 눈밭을 가로질러
이 세상 끝 드넓은 바다로 떠납니다

그리고 감았던 두 눈을 다시 뜹니다

육신이 흐르지 않는 곳

가로등에서 자라는 나뭇잎이어라,
나의 환상을 깨우는 의미가 되기도 한다.

잠에 들기 전 먹는 약의 개수는 무한대리라,
꿈에 들어가기 전 마음의 준비를 단단히 하며,
육체가 죽어있는 곳에서 만날 수 없는 이들을 만나러 가는
열차에 탑승한 것이어라.

이 삶에는 들여올 수 없는 것들이어라,
그 삶에서는 들여올 수 있는 것들이리라.

나뭇잎에 적힌 노래를 읽기도 하며 나의 감정을 적기도 하였더라.
　참,
안쓰러운 것.

사랑을 또 한 번 곱씹으며
가로등에서 자라는 나뭇잎에게 신세 한탄을 하리라.

나의 혈이 더는 흐르지 못해 끈적하게 눌어붙기를 기도하는 곳에서.

황혼 유토피아

우리의 마지막은 아마 평행선의 종점이야
무너진 날 힘껏 끌어안고 당신의 새벽 너머로 멀리 던져보낸
기억나니?
그곳은 허황된 황혼일 뿐이었어

책의 마지막 페이지를 넘기기 전까지 아무것도 모르는 사람처럼
앞서 그려냈던 흐드러지게 핀 봄꿈들이 질 무렵에
무의미하게 펜을 드는 어리석은 짓을 구태여 반복하니
이듬해 봄부터는 우습게도 그 어떤 꿈도 꾸지 못했다

당신의 황혼이
그래 우리의 황혼이 사라졌다는 거지

지나간 모든 것들에 내 생살을 찢어 억지로 새겼던 활자들이
어느 날은 한참을 춤추고 노래하고 또 어느 날은 무너지고

존재하지 않는 황혼 속 우리는 아무래도 우리가 함께 할 수 있었던 그곳만을 사랑했나 봐 그 과분한 황혼이란 이름을 허름하고 낡아빠진 우리가 칭하는 것마저 축복이기 때문이야

존재하지 않는 꿈속에는 우리의 꿈만이 가득하기 때문에 나는 아무 주저 없이 페이지를 넘기고 그냥 그렇게 갈망하고 싶으니까 그렇게 소망하고 싶으니까 환상의 그늘에 가려진 이정표를 시침이 열두 번은 되돌아왔을 때 그제서야 되붙잡은 우리는 이젠 그 무엇을 쓰고 새길까 이번에는 나를 새겨 볼까 한참을 또 춤추고 노래하고 무너지고

다시 일어선다

II

항해

생각의 바다에 반짝이는 등대 하나
등대에 닿고자 열심히 노를 젓는 사공

외로운 사투는 끝 간 데 없건만
쉽사리 닿지 못하는 등대와의 거리

바람과 파도는 변화를 거듭하고
거듭된 변화의 정에 두들겨 맞아 둥그러진 생각 하나가
천신만고 끝에 등대에 도달해 닻을 내린다

새가 되었다

손이 보이지 않음에 깜짝 놀라 팔을 펼쳤더니,
하늘 가득 하얀색.
날개였다.
나는 꿈에서 새가 되었다.

하늘 높이 날아올라야지.
누구도 찾지 못할 만큼 높이!
바람 거슬러 올라,
하얀 날개마저 푸르게 보일 만큼
높이높이 날아올라야지.
푸르른 바다도, 초록 산도 눈에 담고
나 찔러대던 세상도, 가시 같던 이도 흘깃 한번 봐주고
커다란 날개 으스대며 날아올라야지.
아주 높이 날아올라
내 커다란 날개로 세상 따위 하얗게 덮어버려야지.

내 깃털 뽑아
바다 덮고, 산 덮고,
뾰족 거리는 세상도 덮고 덮어버렸다.
드디어 아늑해진 세상 위로 내가 날아간다.

아니, 떨어진다.

커다랗고 새하얗던 날개
남은 깃털마저 하나, 둘 사라지더니
볼품없이 붉어진
내가 떨어진다.

세상이 내게 뾰족한 것인지,
내가 내게 뾰족한 것인지…
사라진 깃털만큼 나를 찔러버렸다.

헨젤의 이야기

왔던 길을 다시 돌아갈 것

단단한 조약돌이 가벼운 빵조각이 되어
나의 꿈을 잃어버렸다 해도
언젠가 나는 그 길을 다시 걸을 것

그 사이 누군가 먼저 발자국을 남겨
내가 그곳을 향하더라도
조약돌은 헨젤의 것

다음 페이지부터
또다시 새로워질 헨젤의 모습이
이야기가 끝나기 전에
한 번은 무조건 웃게 될 것을 생각하니
나의 조약돌도 길을 만들겠구나

끝없을 꿈을 위해,
꿈을 꿈으로만 둔 채 살아가지 않기 위해

나는 동화 속 주인공이 되기로 했다

시인의 꿈

은행에서 꿈을 꾸어준다 하여
꿈을 꾸러 꿈길을 걸어가요
그저 꿈이라는 말을 해도요
그냥 꿈이니까 말을 해봐요

한가득 꾸어온 꿈을 머리맡에
가지런히 두고 잠들고 싶어요
결국 깨어나는 꿈이라고 해도요
결코 깨어나지 않으려고 해봐요

꿈이 가장 무거운 짐이 되어도
꿈이 가장 무서운 위안이 되어도
꿈결에 파도를 타고 나아가게요
가지지 못한 꿈을 들고 저어가게요

세상이 꿈을 빼앗으려고 해도요
꿈을 꾸고 꿈결을 잡아봐요
그냥 꿈이라는 말을 해봐요
그저 꿈이니까 말을 뱉어요

너머의 너머에는

메마른 바다의 포말을
휘두르는 것은 꿈의 채찍질

긴 생을 감싸고 있는 것은
호두의 껍질

속내는 검붉은
실은 유리로 만든 창문

언젠가 반복되던 기억에서는
검은 선으로 연결된 밑그림만이 있다

달려도 닿지 않는 어떤 이의 수평선
뻐끔거리는 아가미와 함께 꿈꾸던 어항

그 속으로 헤엄치는 낡고 닳은 우리
이뤄질까, 일어날까

네가 밉다

너는 내가 키운 것이 아니었다.
내 속도 모르고 자꾸만 자라나 뒤덮는 덩굴이었다.

너는 나의 자랑거리가 아니었다.
혹여나 들킬까 꽁꽁 숨겨둔 흠이었다.

너는 내게 이정표가 아니었다.
너를 좇아 걷기보다는 쫓겨 뛰기에 버거웠다.

너는 나를 빛나게 하지 않았다.
아등바등 구르는 발을 감추는 그늘이었다.

너는 모든 불안의 씨앗이었다.
그래서 꿈꾸는 이를 마냥 응원할 수가 없다.

너를 사랑한다.

담겨있는

사람들 사이에 섞여
보이지 않는 어떤 점을 향해
이끌리듯 걷고 있습니다.

우리는 어디로 가나요?
꿈으로 갑니다.
무슨 꿈인가요?
모든 사람의 꿈을 알 수는 없습니다.
그저 죽음에 이르기 전, 가질 수 밖에 없는
작고 큰 꿈을 우리는 거치는 중입니다.

나를 바라보는 사람의 눈에서
꿈을 보았다.
넓은 들판에 누워 깊은숨을 쉬거나,
뜨거운 조명 아래에서 피아노를 치거나,
끊임없이 오랜 글을 쓰거나,
비행기를 타고 높이 날아가거나.
이 걸음을 지속하는 이유가
마치 눈에 담긴 꿈인 것처럼.

그리고 알았습니다.
담을 수 있는 꿈을 소진하게 되면
그대로 소멸하는 것이다.

저의 마지막이 소멸일지라도
새로운 꿈을 담기로 하였습니다.
내 앞이 사람들로 가득 차게 돼도
또다시 걸으면 됩니다.
또 다른 꿈을 담으면 됩니다.

먼지와 티끌이 맞닿는 곳으로

 그런 기분이 있다 남들은 순리대로 흘러가는데 오직 나만 과거로 역류하는 때가 구정물을 구정물대로 받아들이지 못하고 일급수를 찾아 나서는 버들치처럼 팔딱이는 때가 그럴 때면 사진첩을 뒤져 행복을 복기하고 안간힘을 다해 순간을 열려, 언젠가 김 연기 피어오르는 상상을 한다 모락모락 따뜻한 온기가 가시면 천천히 그리고 깊숙이 식어감을 느낀다 나는 개보다도 작아 보인다 나는 앞에 놓인 머그보다도 작아 보인다 기어코 나는 먼지가 된다 우주 상의 작은 것들 중 가장 왜소하게 느껴진다 나의 작은 셈여림으론 파동을 만들 수 없다는 잔혹한 무게가 다가온다

 나에게로 떨어지는 수많은 열성의 유성우가 산란하며 반짝인다 깎이고 구겨져 모난 새의 파란 유성체가 머리에 맞닿는다 그럴 때면 이런 상상을 한다 생각해 보면 결국 우주는 작고 작은 게 모이고 충돌해 탄생한 곳이야 처음부터 태산같이 태어난 것은 어떤 것도 없어 그러니 티끌처럼 느껴지더라도 환한 내벽을 버리지 않기로 해 너는 언젠가 거대 충돌을 일으킬 대단한 먼지가 될 거야 지금부터 세뇌하는 거야 머지않아 다가올 파랗고 파란 충돌을

불연不燃성냥

타지 않는 성냥은 제 몸을 용광로에 집어던졌다
쇳물이 될 리가 없잖아
식어버리면 분명 쇳덩어리에 잡아먹힐 거다

온몸이 뜨거워지는 고통에도 그는 행복하다고 말했다
성냥 주제에 타지 않는다는게 더 고통스러웠을까

자신이 불멸의 성냥이란 걸 알기는 할까
아마 빛을 내던 친구들을 보고는
자신도 그럴 것이라 믿었겠지

역시 이상하려나
성냥이면서 쇳덩어리가 되려는
꿈을 갖는 건

미완의 조각상

어린 시절
교실 뒤 학급 게시판에 적혔던 나의 꿈

어떤 계획도, 자세한 서술도 없는
두루뭉술했던 그때의 꿈은
무채색의 돌덩이 같았다

그 무채색 꿈덩이는
작은 도서관 구석에서 채색되었고
무쇠같이 무거운 현실에 깎여나갔고
깎인 조각은 스스로를 보듬으며 다시 다듬어졌고
주변의 사랑을 재료 삼아 계속 커져갔다

조그맣던 무채색의 꿈덩이는
찬란한 조각상이 되었고
그에게 이름을 붙인다, '미완의 조각상'

완성되었지만 완성되지 않은
멈추었지만 멈추지 않은

최후의 최후까지 깎이고 다듬어져
나의 마지막에 완성될 나의 조각상, 나의 꿈

지금 이 순간에도 이 미완의 조각상을 깎고 다듬으며
또 다른 형태를 만들어간다
그렇게 나의 꿈을 만들어간다

부지런한 윤슬

해변에 앉아 가만히 바다를 보았다. 바다와 마주 보고 눈을 감으니 오른쪽 뺨이 뜨거웠다. 해를 가리도록 그늘막을 내려두었지만 뺨엔 바다 윤슬이 한가득이었다. 파도가 부지런히 물길을 오고 가는 것처럼 햇빛들이 부지런히 물에 부딪히고 부서지고 녹아내리고

톡

　톡

　　톡 왔다가 우수수 가고.

그런데 왼뺨은 이상하게 서늘해서 고개를 돌려보니 윤슬이 없었다. 부지런히 움직이는 빛들이 없었다. 자기 몸을 쪼개가며 빛을 내는 존재가 없었다. 같은 물속에서도 윤슬은 있고도 없구나. 있으면서도 없다. 눈이 아플 정도로 찬란한 저 빛을 내려고 떨어져 몸을 부수는 알갱이들. 나는 바다의 윤슬일까, 파도에 휩쓸리는 하얀 거품일까. 열심히 부서지는 윤슬처럼 살아야 하는데 미역 줄기마냥 늘어져 이리저리 휘둘리는 것 같아 마음이 부서진다. 수평선 너머에도 바다가 있는 것처럼 내가 나아가야 할 길은 아직 멀고 도 모르는 일인데 윤슬은 어째 저 너머에서도 부서진다. 눈이 부신다. 이겨보려고 눈을 바짝 떠봐도 이길 수가 없다. 역시 빛나는 것들은 아무런 폭력을 쓰지 않

고도 항상 이긴다. 점점 많은 윤슬이 내려앉는다. 내 눈은 더 부신다. 내 눈에서 부서지는걸까? 내 눈을 부수려는 건 아닐까? 아니, 부서지지 않을 정도로 부시다. 눈을 가린 손들은 거품이 되어 방울방울 터지고 나도 흩어져 네 뺨에 가닿고 싶다.

악몽

은하수 같은 순수함을 간직했던
흐릿한 그때엔 꿈꾸는 것이 좋았고
여러 꿈을 만들어냈다 그 속에 있으면
시간의 억압 없이 자유로이 날아다녔다
언제부터일까 짙은 불면을 얻게 된 후
아무 꿈도 꾸지 않고 힘겹게 눈을 떠낸다
지쳐버린 영혼에 자물쇠를 걸어 잠갔다
더 이상 꾸고 싶지 않아
허상인지 환상인지 모를 꿈들
그저 악몽일 뿐이다 그래 악몽일 뿐이다

행방불명

꿈에 노아의 방주를 띄워야 할 것처럼
사나운 번개가 쳤다 기둥 같은 비가 내렸다

무릎을 안아도 텅 빈 뼈를 타고 올라오는 냉기에 자꾸만 눈물이 났다
그 난리에 너는 원래 없던 사람처럼 흔적도 없이 사라져 버린 것이다

그래, 나에게 프로메테우스란 역시 허구일 뿐이지

철거를 앞두고 텅 비어 버린 건물처럼
너는 분명 누구에게는 존재하는 중일 텐데 나에게는 없다

잡지팔이 사내

나는 잡지를 팔던 사내를 기억한다
그가 팔던 잡지엔 에이포 세 장짜리 이야기가 있었다
복사된 것이 아니었다 그는 직접 쓴 글씨로
그에겐 꿈이 있었더랬다

그는 마네킹을 만드는 공장에서 일했다
언젠가 그 손으로 흙을 마음껏 만질 것을 상상하며
마네킹을 주물 거렸다 규격에 맞도록

하지만 그가 주물 거리는 마네킹처럼 그는
그 삶의 규격에서 벗어나기가 힘들었다
어느 날 그는 사장이 초대한 저녁 식사 자리에서
애써 내색하지 않으려는 딸 자랑을 들었다

대학은 무슨 마땅히 갈 곳이 없어서
조소과에나 갔어

그는 조금 흐려진 글씨로 이렇게 썼다
더는 앞을 볼 수가 없었노라고

오늘 우연히 그는 내 옆자리에 앉았다
나는 손가락으로 그를 알아보았다
그의 손가락은 퉁퉁 부어있었다
유난히 굵은 마디마디를 내내 구부렸거나
어디에 담갔거나 무언가를 주물 거렸을 법했다

그는 그런 손으로 색칠을 했다
그의 퉁퉁한 손가락이 버거운 화면 위에서
51번 색과 52번 색을 클릭했다

손끝에서 색은 그의 명령대로 흘러내렸다
곳곳이 파먹힌 발톱 같은 손톱으로 간신히
손가락에 일은 흰 껍질을 벗기며

툭 불거진 관자놀이와 제법 깨끗한 경량 패딩이
손가락으로 색칠을 할 때마다 씰룩거렸다

나는 그의 가방 안에 무엇이 있는지 안다

그는 카드리더기를 들고 잡지를 팔다
돌아가는 지하철에서 색을 주물거린 것이다

다른 어떤 연장을 기억하는 툽툽한 손에선
만질 수 없는 물감만이 흐를 수 있었던 것이다

복사된 것이 아니었다 그는 직접 쓴 글씨로
그에겐 꿈이 있었더랬다

풍선

살아오면서 날린 수 많았던 나의 풍선들
색깔도 모양도 제각각
잘 기억나지 않는, 지금은 날 떠난 것들

가끔은 말도 안 되는 것들을 적었지
무엇이든 할 수 있을 것만 같아

함께 날아가고만 싶었다
그 모든 바람들을 붙잡고 싶었다
여기에 혼자 남겨지고 싶지는 않았기에

셀 수조차 없는 별들 사이 나의 꿈들
잊혀진 나의 날들
언젠가 함께 하자는 약속들

결국 여기에 나만 두고 떠났구나
모든 걸 간직한 채
영영 자라고 싶지 않았던 나만 두고

한 혜성의 버킷리스트는 우주를 헤엄치다 산산이 부서지는 것

나는 별과 별 새에 유영하는 잔해를 좋아해.
그들은 소망도 없어서 절망도 없지.
나도 잠시 별과 별 새에 유영하는 잔해가 되었지.
그렇기에 모든 소망을 굳이 끌어안았다가 태워버렸던 것.

사실 이제는 잔해가 되지 않으리라 마음 놓고 우는 날.
이름 끝에 별이 붙은 아픔들은 아름답게 빛나는 거라서.

나는 별을 좋아해
맞잡은 손이 차게 식기만 한 소행성에 이끌려 가면,
작은 소행성의 항해로를 따라가면,

너를 만나는 은하의 끝을 좋아해
바로 밖은 까만빛만 채워진,
바로 밖은 온통 우울한,

은하의 끝에서 너와 헤어질 때가 온다면
그건 아마 내가 헤엄을 멈추고 까만빛에 삼켜지는 시간이야.

꿈에서 다시 만나자, 노크하고 있는 하루를 견디고,

꿈 속 방백

가끔 죽는 꿈을 꾼다
고층 건물에서 떨어지는 나를
하늘을 날갯짓하는 나를 볼 때면
행복이라는 감정과 지독하게도
엮인 어린아이 같았다
나무가 뱉은 숨이 되어
날아다니는 새와 눈 맞춤을
길가의 꽃들과 입맞춤을 끝으로
나는 이제 꿈을 이룬다
삼켰던 청춘을 곱씹으며 재회를 기약해야지

꿈

꿈을 꾸는 건
꿈을 꾸는 것

얼른 컸으니
벅찬 꿈을 갖자

압류 당한 밤은
낮이 가져가고
낮은 나를 독촉하고
낮은 나는 복속한다

빛이 쬐는 거리로 가자
벅찬 꿈을 갖자

꿈속으로

오늘 단잠을 잤어요
제가 꿈속이라고 생각이 들지 않을 정도로 달콤했어요
단 걸 아무리 먹어도 걱정이 없었고요
제가 좋아하는 사람과 연남동 카페거리도 걸었어요

그러다 저와 똑같이 생긴 사람도 만났어요
결혼도 해 제 아이도 있었고요
무럭무럭 자라는 모습을 보는 게 행복했어요
더 나은 곳으로 가는 게 당연한 거잖아요
제가 지금 노량진에 와 수험생활을 하는 것과 같은 거잖아요
그러다 미쳐 잠에서 깨버렸어요

선뜻 부모님에게 안부전화를 드리지 못하듯
하루하루 나이를 먹어가듯
오늘도 어제와 같은 일상이듯
바다를 좋아해도 시에는 못적듯
고시촌 4평 미만에 어두운 방에서
오지도 않을 사람을 기다리듯

더 나은 곳으로 가는 게 당연한 거잖아요
　심장을 드릴게요 하루만 한 시간만 더 꿈속으로 들어가
게 해주세요

쌍기역의 밑바다

내가 감상하는 시인의 말투를 생각해 본다

어느 시인의 소금기 스민 여름바다
어느 시인의 메마른 겨울 내음
어느 시인이 태운 고엽 냄새

개 중 마른 아스팔트, 보도블럭 같은 냄새를 찾으며 서린 입김을 창가에 붙인다

기상이변같은마음을겪고
지구가망하는것같은심장박동소리
혈관이팽창하는소리
해류처럼돌고도는피를쥐어짜는
순환하는양갈래의우리행성각도닮은심장

나는 어떤 시인의 냄새를 닮았을까
창틀에 들러붙어 입김에 그림자 그리면 비치는 바깥은 또 다른 착각인가

고 가는 한 줄 새로 보이는 내 얄팍한 내일 같은 것
내 일 같이 생각하는 것
금방 흔적을 감추는 그늘 아래 그림자 같은 것

그런 게 시인이라면
그런 게 내일이라면
그늘 밑으로 그림자마냥 사라지고 말 테다

그물

꿈에서는 잡히는 것이 없다
물고기는 잡히는데 꿈은 없다
그물이 촘촘해지면 꿈은 사그라든다

현실이 사그라들면 꿈이 고개를 드나
그물이 헐렁해지면 꿈이 고개를 숙이나

물고기가 잡히지 않는 꿈속에서
그물만 던진다

이룬 것과 이루어질 것에 대하여

다 이루었다
라는 말처럼 어쩌면 나의 꿈은
이미 이루어졌을지도 모른다

수많은 고민과 방황의 세월을 지나
비로소 작은 시집에 작게나마 이름이 실리는
기분은 이루 말할 수 없었다

이 모든 일의 중심엔 항상 네가 있었다
갈대마냥 흔들리는 내 마음을
견고하게 붙들어준 건 늘 너의 한마디였다
우리가 사랑한 날들이 플롯이 되었으며
우리가 나눈 말들이 곧 시가 되었다

비록 이룬 것보다 이룰게 많지만
꿈이 있어 나는 행복하다
이제는 젊은 시인이 된 내가
너의 꿈을 이루어줄 차례다

헌정獻呈

가끔씩 꿈꾸는 이들을
본 적이 있는가

그들은 몸 안 가득히
꿈을 담고 있는 것만 같아

나는 그의 눈빛을 보며
그 눈을 가득 채우고 있는
꿈과 희열을 느꼈다

가끔씩 꿈꾸는 이들을
본 적이 있는가

반복되는 허무와 희망
그리고 용기 속에서
그들은 몸 안 가득히
사랑을 담고 있는 것만 같아

나는 그의 가삿말을
천천히 읊으며

그의 마음속을 가득 채우고 있는
사랑을 느꼈다

가끔씩 꿈꾸는 이들을
본 적이 있는가

파도시집선 006

꿈

초판 1쇄 발행 2021년 12월 22일
　　3쇄 발행 2024년 11월 20일

지 은 이　| 임호균 외 44명
펴 낸 곳　| 파도
편　　집　| 길보배
등록번호　| 제 2020-000013호
주　　소　| 서울특별시 서대문구 증가로 17길 38
전자우편　| seeyoursea@naver.com
I S B N　| 979-11-970321-4-1 (03810)

값 10,000원

ⓒ 파도, 2021. Printed in seoul, korea.

* 이 책의 판권은 지은이와 파도에게 있습니다. 양측의 서면 동의 없는 무단 전재 및 복제를 금합니다.
* 맞춤법과 띄어쓰기는 원본에서 기인하였습니다.
* 파도시집선 참여 작가들의 인세는 매년 기부됩니다.